AF451707

ÉPOQUES

MÉMORABLES

DE LA RÉVOLUTION

ET DE

LA RESTAURATION.

IMPRIMERIE ET FONDERIE DE J. PINARD,

RUE D'ANJOU-DAUPHINE, N° 8, A PARIS.

ÉPOQUES

MÉMORABLES

DE LA RÉVOLUTION

ET DE

LA RESTAURATION.

Mélanges en Vers et en Prose,

Par P. A. Vieillard,

CONSERVATEUR DE LA BIBLIOTHÈQUE ROYALE DE L'ARSENAL,
MEMBRE DE PLUSIEURS SOCIÉTÉS LITTÉRAIRES.

Le spectacle le plus digne des regards du ciel, est celui
de la vertu aux prises avec le malheur.

SÉNÈQUE.

PARIS.

AUDIN, QUAI DES AUGUSTINS, N° 25;

PICHARD, QUAI CONTI;

ET CHEZ LES MARCHANDS DE NOUVEAUTÉS.

1827.

MÉLANGES EN VERS.

1814.

LE TROIS MAI.

RETOUR DU ROI,

ET INAUGURATION DE LA STATUE DE HENRI QUATRE.

Ludovico reduce, *Henricus* redivivus.

CORYPHÉE.

Par l'aspect de Louis, ce grand jour consacré
Doit voir la France entière apporter son hommage
Au père des Bourbons, au monarque adoré
Dont en ses fils, déjà, nous retrouvions l'image.

France, réveille-toi!... Ton antique splendeur
Va renaître à l'aspect du fils de la Victoire,
Du conquérant libérateur
Dont le nom, symbole de gloire,
Est un présage de bonheur.

Qu'il sera beau pour la patrie,
Le jour qui luit sur les Français !
Ce jour va nous rendre les traits
D'un Roi, de mémoire chérie,
Qui reconquit son peuple à force de bienfaits.

HENRI, par le plus noir forfait,
Fut ravi deux fois à la France :
Sur lui, nous pleurions en silence.
LOUIS revient... HENRI renaît.

CHŒUR.

Parais, image révérée
D'un héros, la gloire des lis ;
Brille encore à nos yeux, sous la voûte éthérée,
Comme au jour du triomphe, aux remparts de Paris.

5

Vive HENRI QUATRE !
Roi digne de régner ;
Tu sus combattre,
Et vaincre, et pardonner.
Fils de Bellone,
Tu seras à jamais
La gloire du trône,
Et l'amour des Français.

CORYPHÉE.

Voilà l'image de HENRI !
Au Roi père de la patrie,
Au monarque toujours chéri,
Français, que chacun se rallie,

Plus de partis ! plus de ligueurs !
Enfans d'une même famille,
Que la paix règne au fond des cœurs,
Sur le front que la gaîté brille.

Louis redit, comme HENRI,
Près de moi tous je vous appelle ;
Reconnaissez, peuple fidèle,
La voix d'un père et d'un ami.

1 .

Au digne fils du bon HENRI,
Au Roi père de la patrie,
Au monarque toujours chéri,
Français, que chacun se rallie !

CHOEUR.

Toi, qui veilles du haut des cieux,
Et sur ta race, et sur la France,
Vers ton peuple, ô LOUIS, daigne tourner les yeux,
Et, d'une éternelle alliance,
Viens, par ton auguste présence,
Bénir et consacrer les nœuds !

1815.

LE VINGT ET UN JANVIER.

Quis talia fando
Temperet à lacrymis ?

VIRGILE.

Les temps sont accomplis : aux jours de la colère,
Le juge souverain des forfaits de la terre
Fait succéder des jours de clémence et de paix :
La vertu trouve enfin le prix de ses bienfaits.
Par de profanes mains de leur tombe écartées
Les cendres des Bourbons y rentrent respectées ;
Le Roi-Martyr, objet et d'amour et de deuil,
Aux honneurs de la palme unit ceux du cercueil.
Vingt ans et deux encore ont passé sur le crime.
Des pleurs silencieux vengeaient seuls la victime ;
Un souvenir empreint de remords et d'effroi
Suivait sans l'expier le meurtre d'un bon Roi :

On ignorait le lieu , si sacré pour la terre ,
De ses restes sanglans humble dépositaire ;
On passait, sans le voir, près de l'arbre incliné
Qui baignait de ses pleurs le juste assassiné [1];
La pieuse pitié d'un sujet magnanime,
Seule, rendait un culte à ce dépôt sublime ,
Et, veuve de ses Rois, de leurs débris épars
La France, avec terreur, détournait ses regards.
Un jour funeste, un jour d'exécrable mémoire,
Éternel déshonneur des pages de l'histoire,
Renaissait chaque année, et s'écoulait, hélas !
Comme un jour que n'eût point consacré le trépas.

---

[1] Combien il était peu d'habitans de Paris qui, en passant dans la rue d'Anjou, auprès du jardin de M. Descloseaux, se doutâssent que ce petit saule pleureur, qui étendait ses branches au-dessus des murs du jardin , était le seul dais qui couvrît les cendres du petit-fils de Henri IV et de la fille de Marie-Thérèse!

C'est sur l'emplacement même du bosquet où reposaient , dans l'ancien cimetière de la Madeleine, transformé en Élysée par M. Descloseaux, les restes de Louis XVI et de Marie-Antoinette, que s'élève aujourd'hui le monument expiatoire consacré à leur mémoire, par la piété de Louis XVIII et de Charles X.

Une muette horreur saluait son aurore :

Les heures se suivaient, et l'accroissaient encore ;

Mais, de larmes, d'encens nul tribut solennel,

Avec le sang versé, ne montait vers le ciel.

En secret, des chrétiens l'auguste sacrifice

Purifiait l'instant souillé par le supplice ;

La tendre piété, le zèle sans éclat,

Tentaient seuls d'effacer un profane attentat.....

Quels accens, aujourd'hui, dans les airs retentissent ?

A ces clameurs d'effroi, que de sanglots s'unissent !

Aux lamentables sons de l'airain frémissant,

Tout un peuple aux autels accourt en gémissant.

Peuple, couvre ton front de cendre et de poussière ;

Sous un voile de deuil, entrevois la lumière,

Déchire tes habits, frappe, meurtris ton sein.....

Non, peuple, de tes Rois tu n'es point l'assassin.

Apporte à leurs cercueils de funèbres offrandes ;

Parfume-les d'encens, orne-les de guirlandes ;

Répète, avec des pleurs, les chants religieux

Que la terre coupable ose adresser aux cieux ;

Invoque Saint Louis, et ce martyr auguste

Dont la vie et la mort fut l'exemple du juste ;

Près d'un Dieu, comme lui, par les siens condamné,

Louis protégera son peuple infortuné.

Illustres rejetons d'une race chérie,

Vous, dont partout le cœur battait pour la patrie,

Frères, neveux d'un Roi par la rage immolé,

Roi, qui le fais revivre, et n'es point consolé,

Français, venus en foule à cette auguste fête,

Contemplez le bonheur que ce jour vous apprête ;

En lui doit s'accomplir l'accord mystérieux

Des malheurs de la terre et des faveurs des cieux.

Le remords, la prière ont fléchi la vengeance ;

Louis étend sur tous un sceptre de clémence.

De deux princes martyrs successeur *désiré*,

Louis fera revivre un aïeul adoré.

Mais HENRI reconquit son peuple par les armes ;

Pour nous vaincre, Louis n'eut besoin que de larmes :

A l'aspect de nos Rois rendus à notre amour,

Quel Français n'oublîrait des malheurs sans retour,

Et, guidé par la soif de venger ses injures,

De la patrie encor rouvrirait les blessures ?

O vous, qui formeriez ce vœu dénaturé,

Détestez-le... suivez un exemple sacré !

En montant vers le ciel, où l'attendait son trône,

Le fils de Saint Louis répétait : JE PARDONNE !

1815.

LE HUIT JUILLET.

———

SECOND RETOUR DU ROI.

Et me meminisse juvabit.

———

La France avait perdu son père :
Louis n'était plus parmi nous ;
De l'affreux démon de la guerre
Nos bords éprouvaient le courroux.
Tout à coup, aux murs de Lutèce,
Parmi les pleurs, les cris d'effroi,
Retentit ce cri d'alégresse :
Le Roi revient! vive le Roi !

A ce signal , les cœurs fidèles ,
Dans tout Paris ont répondu :
Regrets amers , craintes mortelles ,
Fuyez... Louis nous est rendu.
D'un bout à l'autre de la France ,
Garant sacré de notre foi ,
Du fond des cœurs ce cri s'élance :
Le Roi revient... VIVE LE ROI !

Où court cette foule charmée
De guerriers , de femmes , d'enfans ?
Leur route de fleurs est semée ,
L'air est ému de leurs accens.
Entendez ce signal prospère
Du retour d'une douce loi :
Nous allons chercher notre père :
Le Roi revient... VIVE LE ROI !

Non , non.... jamais la perfidie
N'atteindra notre Roi chéri :
Tout Français , au prix de sa vie ,
Gardera les fils de HENRI.

Pour devise, aux jours de la gloire,
Pour sauvegarde, aux jours d'effroi,
Nous aurons ce cri de victoire :
Voici le Roi!.... VIVE LE ROI !

1818.

LE TREIZE MAI.

MORT DU PRINCE DE CONDÉ.

Quomodò cecidit potens ?

Macch.

Il entre au temple de mémoire,
De nos antiques preux le digne successeur :
    Il meurt....., il vivra dans l'histoire,
Comme le chevalier sans reproche et sans peur.
Autour de lui s'empresse une foule immortelle
De héros, de Français, nos aïeux et les siens :
Virgile, ainsi, nous montre, aux champs élysiens,
Le premier fondateur de la ville éternelle
    Environné des héros phrygiens.

Clovis, Martel, Pepin et Charlemagne,
Bouillon, Tancrède, et Philippe et Coucy,
Clisson, Bertrand l'orgueil de la Bretagne,
Louis neuf, Jeanne d'Arc, Dunois, Montmorency,
Et ce roi chevalier trahi par la victoire,
Mais proclamant que l'honneur est gardé,
Bayard, Nemours et le premier Condé,
Henri, Crillon, vingt chefs leurs compagnons de gloire,
Luxembourg, Vendôme, Villars,
Vauban, Fabert, le vainqueur de Marsailles,
Ce Turenne, à jamais l'honneur de nos remparts,
Et ce Condé rival de Mars,
Grand dans la paix, comme au sein des batailles,
Si noble à Chantilly, si terrible à Rocroy,
De Saxe, Richelieu, les preux de Fontenoy,
De ces illustres morts, le cortége sublime
Entoure de nos lis l'intrépide soutien......
Mais, dans leur troupe magnanime,
Faut-il, avant le tems, qu'il rencontre d'Enghien ?

1820.

LE TREIZE FÉVRIER.

HOMMAGE

AUX MANES

DE MONSEIGNEUR LE DUC DE BERRY.

Ubi est, mors, victoria tua ?

Voile ton front, dieu de la lyre !
Au laurier qui l'ombrage enlace les cyprès ;
   Muses, pleurez !..... que l'accent des regrets
De vos joyeux transports remplace le délire !
   Que les arts, enfans de la paix,
Quand par un coup affreux leur protecteur expire,
   Partagent le deuil des Français.

   Ombre plaintive, ombre chérie,
   Du sein du séjour radieux,

2.

Vois les larmes de la patrie
S'unir à ton sang précieux :
Ton hymen fit notre alégresse ;
Ton trépas comble nos malheurs ;
Mieux encor que dans notre ivresse ,
Lis notre amour dans nos douleurs.

Amant des arts et de la gloire ,
Héros par le bras , par le cœur,
Pour toi le Temple de mémoire
Devait s'ouvrir au champ d'honneur.
Contre les atteintes du crime ,
Protégé par tant de bienfaits ,
Devais-tu , prince magnanime ,
Mourir de la main d'un français ?

Noble fille de l'Italie ,
Espoir de la patrie en pleurs ,
A ton sort le nôtre se lie ,
Commande en mère à tes douleurs ;
Donne à l'Aquitaine fidèle
L'enfant roi qu'elle doit nommer ;
Le ciel nous laisse une étincelle :
Le flambeau peut se rallumer.

Ah ! que le ciel, par un prodige,
Rappelle Berry du tombeau,
Et que des lis la noble tige
Refleurisse auprès d'un berceau !
Par l'orage à demi brisée,
Digne objet des regards des cieux,
Des pleurs de la France arrosée,
Qu'elle brille encore à nos yeux !

1820.

LE DOUZE AVRIL.

LA VISION MATERNELLE,

CANTATE.

Lux orta est in tenebris.

Ps.

Du nuage effrayant qui planait sur la France,
Quel rayon lumineux vient de percer la nuit?...
Quand la vertu s'endort au sein de la souffrance,
Dans un cœur maternel éveillant l'espérance,
   D'un jour serein l'aurore luit.

Aimable et noble fleur du sol de l'Italie,
Tendre rameau des lis penché sur un tombeau,
   Relève ta tête chérie ;
Couvre de ton ombrage, et protège un berceau !

A la douleur qui t'est si chère
Un instant dérobe ton cœur;
Songe à l'avenir d'une mère,
Et tu renaîtras au bonheur.

Quel habitant des cieux, messager de Dieu même,
Le front resplendissant de la double clarté
De l'auréole unie au diadème,
Vers toi s'avance avec bonté ?
C'est le saint auteur de ta race,
Le plus grand des humains, le plus sage des Rois;
Sur ce trône éternel où la vertu le place,
Du trône héréditaire il a fondé les droits :
A qui sa main destine-t-elle
Cette couronne où l'or pur étincelle,
Où le lis brille encor d'un éclat renaissant?.....
O fortuné présage! ô faveur immortelle !
Il la pose au front d'un enfant !

Respire, veuve magnanime !
Embrasse un espoir glorieux.
Le ciel trompe l'effort du crime :
CHARLES va renaître à nos yeux !

Tu régneras, race chérie
Et de martyrs et de héros,
Et tu rendras à la patrie
L'honneur, la gloire et le repos !

1820.

SAINT MICHEL,

AU VINGT-NEUF SEPTEMBRE.

Hæc dies quam fecit Dominus : exultemus et lætemur in eâ.

Du sommet lumineux de la voûte éternelle,
    Le grand moteur de l'univers,
    Sur nos forfaits, sur nos revers,
    Fixait sa pensée immortelle.
    Au sein de la France fidèle,
Où le lis refleurit à l'ombre de la croix,
L'arbitre souverain des peuples et des rois
Voit s'agiter encore une horde rebelle
Qui brave insolemment sa puissance et ses lois.
Aux temps où du néant sa voix tira le monde,

Il remonte en idée....; il reconnaît Satan [1],

Mammone [2], Bel-Zébuth [3], Phégor [4], Léviathan [5],

En noirs complots ligue féconde,

Qui, deux fois terrassée [6] et vaincue à jamais,

Garde l'amour du crime et l'espoir du succès.

L'artifice et la calomnie,

Le poison, le fer et les feux

Souillent, des esprit ténébreux,

Les mains, le front, la bouche impie.

A leur affreux signal, de la terre entendu,

Par un coup de poignard [7] la terre a répondu.

Le deuil couvre la France, et la troupe infernale

A salué la Mort, par un cri redoublé.

---

[1] *Satan;* orgueil, ambition, révolte.

[2] *Mammone;* cupidité, avarice, convoitise.

[3] *Bel-Zébuth;* impiété, sacrilége: c'est le *Baal* des Syriens.

[4] *Phégor;* débauche, intempérance : c'était une divinité des Moabites. On lui donnait aussi les noms de *Baal-Peor* et de *Bel-Phegor*.

[5] *Léviathan;* l'esprit du midi et de la mer.

[6] La chute des anges rebelles et la rédemption. De nos jours, les deux restaurations.

[7] 13 février 1820.

De cette alégresse fatale

Dieu lui-même a frémi, sur son trône ébranlé.

A l'abîme échappés, il revoit sur la terre

Les princes des noires tribus,

Aux puissances du ciel livrer encor la guerre:

Il les voit, au nom des vertus,

Faisant germer partout la semence des crimes,

Échauffer les cœurs corrompus

Du feu séditieux qu'allument leurs maximes.

De la Liberté sainte usurpant les honneurs,

Sous ses traits, la Révolte arme ses sectateurs [1].

Paré d'un zéle faux contre le Fanatisme,

Jusqu'au pied des autels blasphême l'Athéisme [2].

Le Parjure, couvert du nom de l'Éternel,

Sacrilége assassin, triomphe avec bassesse [3];

D'une main la Fraude caresse,

L'autre porte le coup mortel [4].

---

[1] Prédications et adresses incendiaires, rassemblemens séditieux.

[2] *La loi est athée.*

[3] 20 mars 1815.

[4] 19 août 1820.

L'Esprit, dont le pouvoir à l'intérêt préside,

Souffle l'ardeur du crime au cœur de l'envieux [1].

Du trône et de l'autel ennemi parricide,

L'Esprit de secte lève un front audacieux [2].

On revoit leur Superbe, au siècle des lumières,

Comme au jour de la chute, attaquer le Seigneur.

Mais Dieu mande l'Archange, autrefois leur vainqueur,

    Dont la lance ouvrit les barrières

Du gouffre où s'éteignit leur première splendeur.

    « De mes décrets, ministre redoutable,

    « Michel, dompte encore aujourd'hui

      « De l'enfer la rage implacable ;

« Ce n'est plus à la force à me venger de lui.

      « Que ton message offre à la terre

      « Le présage de mes bienfaits.

    « Va lui porter l'oubli de ma colère ;

« L'aspect de l'innocence est un gage de paix.

      « Du fer de ta lance dorée

    « D'un lis sans tache ouvre le sein fécond :

« Fais éclore, aux regards de la France éplorée,

---

[1] Soif de l'or et du pouvoir, maladie du siècle.

[2] *Jacobins, radicaux, sandistes, liberales, carbonari.*

« Le germe précieux dont sa foi lui répond [1].

« Saint Louis l'a promis à la veuve fidèle

    « Qui pleure au tombeau de Berry [2].

« J'accomplis aujourd'hui sa promesse immortelle ;

« Charles, pour les Français, renaît avec Henri. »

  Dieu dit : Michel, de la voûte azurée,

    S'est élancé : dans son vol radieux,

Il touche de nos rois la demeure sacrée,

Et le fils de la tombe au jour ouvre les yeux.

La terre à son aspect tressaille d'alégresse ;

    Le ciel s'émeut..... l'Enfer frémit ;

    A l'aspect du jour qui le blesse

L'abîme encore ouvert se referme et mugit.

Des *méchans*, dont Dieu même a vaincu la malice,

Le triomphe des *bons* redouble le supplice [3] ;

D'un peuple consolé, les chants religieux,

L'encens, les cris d'amour s'élèvent vers les cieux [4].

---

[1] Prières universelles pour la naissance d'un prince.

[2] Vision maternelle.

[3] *Ipsi obligati sunt et ceciderunt ; nos autem surreximus, et erecti sumus.* Ps. Exaudiat.

[4] Paris au 29 septembre, et depuis ce jour, toute la France.

Du séjour éternel, ouvert à sa souffrance,
Charles bénit sa veuve, et son fils et la France.
Ainsi que lui martyrs, les deux Louis, Henri[1],
Veillent, auprès de Dieu, sur ce dépôt chéri ;
Le lis qui croit aux cieux, sous leur garde fidèle,
Refleurit plus brillant sur sa tige immortelle,
Et des nouveaux destins promis à l'univers,
Les anges du Seigneur, sur leurs harpes dorées,
Ont donné le signal, dans les hymnes sacrées
De la céleste cour ineffables concerts !

---

[1] 25 août 1270, 14 mai 1610, 21 janvier 1793, 13 février 1820.

1823.

LE TRENTE ET UN AOUT.

PRISE DU TROCADERO,

CHANT DE TRIOMPHE

A LA GLOIRE DES ARMÉES FRANÇAISES EN ESPAGNE.

Des chevaliers français tel est le caractère.

VOLTAIRE.

UN BARDE FRANÇAIS.

Qui change ton destin, généreuse Ibérie?
La palme du courage et le laurier des arts,
Jadis, dans tes cités, brillaient de toutes parts.
D'où vient donc aujourd'hui qu'opprimée et flétrie,
L'aspect de tes malheurs attriste les regards?

L'ESPAGNE.

Je pleure, hélas! ma splendeur éclipsée
Avec les jours de mes héros.
Le Cid, Gonzalve occupent ma pensée,
Et dans le souvenir de leurs nobles travaux,
Je lis l'arrêt cruel de mes destins nouveaux.

Le sol affranchi par Pélage
Languit sous un joug détesté;
Partout un sinistre esclavage
Règne au nom de la Liberté.
De Madrid le deuil solitaire
Du trône atteste les revers,
Et la révolte téméraire
Aux rois a présenté des fers.

LE BARDE.

Relève-toi, noble patrie,
Des troubadours et des guerriers :
En vain, par le crime asservie,
Le cyprès couvrit tes lauriers.
Des lis la bannière sans tache
T'offre un signe libérateur,

Et d'un Bourbon le blanc panache
Te rouvre encor le champ d'honneur.

L'ESPAGNE.

Salut, dignes vengeurs du trône,
De Louis fidèles soldats :
Guidés par Minerve et Bellone,
La gloire accompagne vos pas ;
Suivez le héros intrépide
Dont l'aspect enflamme les cœurs,
Et sur les colonnes d'Alcide
Plantez vos étendards vainqueurs.

Héroïque succès ! triomphe magnanime,
  Où la vertu surpasse la valeur,
  De l'avenir sois l'exemple sublime,
Du nom français encore agrandis la splendeur !

  La sagesse, unie au courage,
  Accomplit d'immortels travaux.
  Gonzalve, le Cid et Pélage
  Ont tressailli dans leurs tombeaux.

De myrte, d'olivier, ceignez, nymphes du Tage,
De vos libérateurs les fronts épanouis,
Et, par vos chants d'amour, célébrez d'âge en âge
La gloire et les vertus D'ANGOULÊME et LOUIS.

1826.

LE QUATRE NOVEMBRE.

HOMMAGE

A SA MAJESTE CHARLES DIX.

Toi, dont la France avec ivresse
Chérit l'empire et suit la loi,
Entends le cri de l'alégresse,
Le cri français : VIVE LE ROI !

Du Béarnais Charle est l'image ;
Oui, ton aïeul revit en toi ;
Nous lui rendons encore hommage,
En redisant : VIVE LE ROI !

Digne héritier de tant de gloire,
Rival des preux de Fontenoy,
Ton noble fils à la Victoire
Fit répéter : VIVE LE ROI !

Protecteur d'un peuple fidéle,
Sois des méchans encor l'effroi.
Clio, de sa plume immortelle,
Grave déjà : VIVE LE ROI !

MÉLANGES EN PROSE.

(La date assignée à chacun des morceaux réunis
sous ce titre, est celle de leur composition.)

1824.

LE VINGT ET UN JANVIER,

ANNIVERSAIRE DE 1793.

***

Le ciel nous fait trop voir, en de tels attentats,
Qu'il hait les assassins et punit les ingrats;
Et quoi qu'on entreprenne, et quoi qu'on exécute,
Quand il élève un trône, il en venge la chute;
Il se met du parti de ceux qu'il fait régner;
Le coup dont on les tue est long-temps à saigner.

CORNEILLE.

***

QUOIQUE rien dans le monde ne fût comparable à la gloire de la famille des Bourbons, dont l'origine remonte aux premiers siècles de cette monarchie, la plus ancienne de celles qui existent aujourd'hui ; quoique cette race auguste, dont les fils règnent encore sur trois des plus beaux royaumes de l'Europe, et dont les filles se sont assises sur les trônes de tous les autres États de la chrétienté, ait son berceau placé dans le ciel, puisqu'elle remonte jusqu'à Saint Louis ; Dieu a cependant voulu, dans les profonds décrets de sa providence, lui donner un nouveau lustre, en ajoutant la couronne du martyre à toutes celles dont l'éclat l'avait déjà illustrée.

Ainsi, nous avons vu un Prince, héritier de la puissance de soixante-six Rois, précipité du plus beau trône qui soit dans l'univers, au fond d'une obscure prison ; dépouillé de sa puissance, de ses titres, et même de son nom ; traîné, comme un coupable, à la barre d'un conseil régicide ; calomnié, accusé, condamné, par des sujets rebelles ; arraché des bras de son épouse et de ses enfans, comme si, pour lui faire savourer plus lentement les horreurs de la mort, on eût voulu, avant de l'immoler, lui ravir les seuls biens qui lui fussent restés, les doux noms de père et d'époux.....

Ce Roi, ce martyr, était Louis XVI, le meilleur des hommes, et le plus vertueux des Rois ; et c'est à pareil jour, il y a trente et un ans, que son sang coula sur un échafaud.

Ce n'était pas assez... Une Reine, qui à toutes les grâces de son sexe en unissait toutes les vertus ; une Princesse, que la beauté de son âme et de ses traits faisaient ressembler aux anges, dans le cours de la même année, mêlèrent leur sang royal à celui du juste couronné. Un enfant, qui ne régna que dans les fers, n'en sortit, par un nouveau crime, que pour monter aux cieux.....

Ce n'est pas tout encore : un soldat heureux s'assied sur le trône de ses maîtres, et, pour s'y mieux affermir, il s'associe aux crimes de leurs bourreaux, en attirant, par la violence et la trahison, le dernier rejeton de Saint Louis dans un piége infâme où l'attendait la mort...

Il semblait, enfin, que la terre eût assez de crimes, et le ciel assez de martyrs ; mais, au bout de seize ans, l'enfer se réveille, et un monstre, vomi de son sein, frappe au milieu de nous un prince l'idole et l'espoir de la France : Berry va rejoindre Henri IV, Louis XVI et d'Enghien.

Cet assassinat régicide, qui comblait les forfaits de la révolution, y devait mettre un terme. La naissance de l'enfant du miracle fut le gage de la réconciliation du ciel avec la France, et il parut au milieu de nous comme le signe du pardon, et le symbole d'une nouvelle alliance.

La Providence a tenu sa promesse. La révolution, vaincue à jamais dans son pays natal, a essayé d'établir son empire dans un royaume voisin, et c'est encore un Bourbon qu'elle avait marqué pour victime ; mais ses jours de triomphe étaient passés : un Bourbon l'a proscrite en France, du haut de son trône, devant l'élite de son peuple ; et le fils de son adoption, le neveu et le gendre de Louis XVI, l'époux de l'orpheline du Temple, de l'héroïne de Bordeaux, le frère du duc de Berry, à la tête de cent mille Français, réunis sous le drapeau sans tache, invincibles et fidèles comme ils le seront toujours, est allé chercher le monstre dans l'asile qu'il s'était choisi, l'a combattu, l'a terrassé ; et, en replaçant Ferdinand sur son trône, en sauvant à l'Espagne l'opprobre d'un régicide, le digne fils de Saint Louis a effacé, autant que possible, en la couvrant de sa gloire, la tache qui déshonorait la France.

Rendons grâce donc à Dieu du succès qui a couronné nos armes; mais, si les palmes s'unissent, cette année, aux cyprès qui couvrent le tombeau de Louis XVI, ne doutons pas que les mérites de son sang, de celui des royales victimes qui partagent avec lui, dans les cieux, la couronne du martyre, en fléchissant enfin la colère divine, n'aient seuls attiré la bénédiction du ciel sur la bannière des lis; et, réunis à jamais sous cette bannière sacrée, jurons aux Bourbons une fidélité à toute épreuve.

LE TREIZE FÉVRIER,

ANNIVERSAIRE DE 1820.

———

Ma mort fera pour Rome autant qu'eût fait ma vie.

VOLTAIRE.

———

TROIS semaines à peine se sont écoulées, depuis que, réunis au pied des autels, nous offrions au ciel nos larmes et nos vœux, en expiation de la mort du juste couronné, et déjà l'anniversaire d'un autre forfait ranime nos regrets, et nous demande de nouveaux pleurs. Le 20 mars nous verra confondre dans un même souvenir, et l'assassinat du duc d'Enghien, et le triomphe éphémère de son meurtrier ; la mort de la vertueuse Elisabeth, celle de l'enfant-roi, consacreront les premières journées de mai et de juin ; et le 14 juillet, le 10 août, les 2 et 3 septembre, le 16 octobre, compléteront cette série d'époques funèbres.

Ainsi, la révolution a semé de jalons sanglans toute la route de l'année ! Mais, en mettant le comble à ses forfaits, la mort du duc de Berry devait assurer la régénération morale de la France, et celle du reste de l'Europe ; son sang a crié d'une voix éloquente aux maîtres du monde : *et nunc reges, intelligite : erudimini, qui judicatis terram.* Cette voix a été entendue. Les rois ont enfin compris que la question qui, depuis trente ans, s'agite entre eux et les révolutionnaires, était pour les nations et pour leurs chefs une question de vie ou de mort. Du moment où la révolution a été bien comprise, son arrêt a été prononcé. Les révoltes qui, depuis le 13 février ont éclaté en Espagne, en Portugal, à Naples, dans le Piémont, ont été, ou étouffées dans leur berceau, ou comprimées à la suite d'une lutte dont l'issue ne pouvait être douteuse; le sang du dernier Bourbon immolé est devenu le gage du salut des princes de sa race, et son frère en a été le glorieux instrument.

Mais si la Providence a déjà beaucoup fait pour nous, devons-nous la laisser agir seule, et ne pas nous-mêmes venir à notre secours?..... Aveuglés encore par les sophismes intéressés des fauteurs de la révolution, pourrions-nous méconnaître les causes qui l'ont produite, et qui tendent sans cesse à la faire renaître? Ces causes, ce sont les doctrines pernicieuses des faux sages du dix-huitième siècle, professées encore aujourd'hui par des hommes qui ne craignent pas de se déclarer leurs élèves, et n'aspirent qu'à en être les continuateurs. Oui, ne nous y méprenons pas : les mêmes doctrines qui avaient tué Louis XVI ont aussi assassiné le duc de Berry, et si la société, dont l'existence est liée à leur destruction, ne se hâte enfin de l'opérer, cette existence sera compromise de nouveau. Les mêmes semences ne sauraient manquer de produire les mêmes fruits; et pour les rendre enfin stériles, il faut les arracher.

Je sais d'avance quelles réclamations vont s'élever contre ces assertions ; je sais de quelle indignation, sincère ou simulée, s'arment tous les interprètes du libéralisme, lorsqu'on les signale comme les auteurs réels des meurtres qui ont marqué de sang toutes les pages de nos annales révolutionnaires; je veux bien croire que, pour quelques uns d'entre eux, le crime n'est pas dans le cœur; j'accorde plus volontiers encore que leur bras se refuserait à l'accomplir; mais la démence a souvent les mêmes effets que la scélératesse; la tête approuve ce dont le cœur s'épouvante; l'amour-propre fait taire la conscience; l'orgueil d'un faux savoir, le fanatisme de l'esprit de secte jettent un voile sur les leçons du passé, fascinent les yeux sur les chances de l'avenir.... L'erreur l'emporte. Les principes subversifs de l'ordre social sont proclamés, et la plume de l'écrivain libéral se change en poignard entre les mains du lecteur ignorant et fanatique, dont de grands mots, des paroles séduisantes et fallacieuses ont perverti le cœur et troublé la raison.

Voilà ce que nous avons vu au 13 février 1820. Voilà ce que nous aurions vu encore, ce que nous serions destinés à revoir sans cesse, si cette terrible leçon eût été aussi infructueuse que celles qui l'avaient précédée.

LE VINGT MARS,

ANNIVERSAIRE DE 1814.

Animus meminisse horret, luctuque refugit.
VIRGILE.

Asservie et dévastée au nom de la liberté, pendant les années sanglantes de la révolution, la France, en passant du joug honteux des sans-culottes de la convention, sous celui d'un soldat couronné, n'avait fait que changer d'esclavage. Si le sang de ses enfans ne ruisselait plus sur les échafauds, il coulait à grands flots sur les champs de batailles ; décimée au dehors, sa population, enchaînée au dedans, se demandait si une gloire achetée au prix de tant de larmes et de calamités, si des fers, qui n'en étaient pas moins pesans pour être cachés sous des lauriers, pouvaient lui tenir lieu de la paix qui semblait à jamais perdue pour elle, de la liberté, qu'elle n'avait rencontrée qu'escortée de geôliers et de bourreaux, des institutions, qu'on lui promettait depuis vingt-cinq ans, et dont une demi-douzaine de constitutions avortées n'avaient pas même posé les premières bases. La restauration de 1814 résolut ce problème, insoluble pour la tyrannie populaire et pour le despotisme d'un usurpateur. A peine la légitimité eut-elle reparu au milieu de nous, que l'ordre et la paix, conséquences nécessaires de ce principe bienfaisant et sacré, réparèrent en moins d'une année les maux de plus de vingt-cinq ans d'anarchie et d'esclavage. Ces institutions, si long-temps, si vainement attendues, furent le premier présent que nous rapportèrent de l'exil un Roi, une famille, éprouvés par tous les genres de malheurs, et qui devaient s'en venger par tous les genres de bienfaits. Par eux, la France connut enfin cette liberté depuis si long-temps annoncée, et jusque là vainement attendue : le don de la charte royale prouva que, si les révolutions et les usurpations promettent et ne tiennent pas, la légitimité, consacrée par la religion dont elle émane, tient plus qu'on n'oserait attendre d'elle, et donne sans avoir promis.

Pourquoi faut-il qu'un funeste anniversaire nous rappelle que tant de bienfaits ne purent désarmer l'ingratitude et enchaîner la trahison? que l'expérience de vingt-cinq ans de forfaits et de malheurs fut perdue, pour les insensés, pour les coupables, qui occasionèrent à la France, encore convalescente de la fièvre ardente qui l'avait si long-temps dévorée, une rechute, qui pouvait entraîner sa perte? Si le crime fut sans mesure, le châtiment fut terrible. L'envahissement de tout notre territoire, une occupation de deux années, l'humiliation de cette France, que quatorze siècles de gloire avaient élevée si haut, la renaissance des haines, des dissentions intérieures, la perte de nos trésors, tels furent les présens que nous apporta le retour de Buonaparte, tels furent les fruits du 20 mars.

Qui le croirait, cependant? A peine neuf ans se sont écoulés, et les traces de tant de malheurs sont effacées. Sous le sceptre paternel des Bourbons, la France renaît, comme par enchantement. Jamais l'agriculture ne fut dans un état plus florissant; chaque jour l'industrie fait de nouveaux progrès ; l'exposition solennelle du Louvre en a offert les témoignages, en même temps qu'elle a donné la preuve des soins assidus que l'administration apporte à la prospérité de notre commerce, et à la splendeur de nos manufactures ; le crédit public n'a jamais été affermi sur des bases plus solides; un système de gouvernement, à la fois ferme et modéré, mis en œuvre avec autant d'habileté que de persévérence, a vaincu enfin l'esprit de révolte et de sédition. La guerre d'Espagne a prouvé que la victoire ne cesserait pas d'être fidèle à nos drapeaux, parce qu'ils seraient guidés par la vertu, et l'esprit religieux reprend tous les jours une force qui doit confondre les espérances des apôtres du matérialisme moral et politique.

En vain donc les fauteurs de la révolution de 1789, les héros de 1793, les muets du régime impérial, les complices de la trahison de 1815, osent-ils crier à la perte de nos libertés, au retour du privilége, à l'asservissement de la pensée, *à la violation de la charte ;* le maintien de cette charte, dont leurs complots, toujours déjoués, depuis dix ans, n'ont cessé d'attaquer l'existence, repose sur la parole royale de son auteur, sur les sermens de son auguste famille, et sur la foi des députés de la France, qui ne peuvent être *parjures,* puisqu'ils sont *royalistes et religieux.*

LE DIX AOUT,

ANNIVERSAIRE DE 1792.

Et nunc, reges, intelligite : erudimini, qui judicatis terram.

Ps.

A pareil jour, il y a trente-deux ans, la France vit s'écrouler un trône dont quatorze siècles d'existence et de gloire semblaient avoir rendu la base inébranlable. Il y a trente-deux ans, le plus juste des Rois, le meilleur des hommes, assiégé dans son palais par une multitude forcenée, le quitta pour entrer dans une prison, d'où il ne devait sortir que pour *monter au ciel!...* Nous ne rechercherons point ici les causes d'une catastrophe qui sera à jamais l'effroi de l'avenir, et la leçon des peuples et des Rois. Sans examiner si, au 10 août, il était encore au pouvoir des forces humaines d'imposer des digues au torrent dévastateur qui entraînait, dans son cours, toutes les institutions de la monarchie, et jusqu'à la royauté elle-même ; sans assigner à aucune des victimes la part de louange ou d'improbation que revendiqueraient l'héroïsme, le dévouement le plus sublime, ou que pourraient encourir la faiblesse et l'hésitation, ne reportons nos regards vers le passé que pour adorer les décrets d'une Providence à la fois sévère et paternelle, qui, après avoir châtié notre délire par le double fléau de l'anarchie et du despotisme, a daigné, au bout de plus de vingt ans, nous retirer de l'abîme où nous allions périr, pour nous replacer sous le sceptre paternel de nos légitimes Rois. Voyons, en un mot, d'où nous sommes partis, et où nous sommes arrivés.

Au 10 *août* 1792, Louis XVI, sa magnanime épouse, son angélique sœur, deux enfans chéris, dont l'un ne devait régner que dans les fers, dont l'autre devait épuiser la mesure du malheur, pour faire connaître au monde jusqu'où peut s'étendre la mesure des vertus, cette royale famille, tout entière arrachée du trône par les satellites de la révolte, n'entendait autour d'elle que des cris de malédiction, que des accens de mort et de vengence...

Au 10 *août* 1814, le frère du Roi martyr, le Roi législateur, rentre au milieu de son peuple comme un père dans le sein de sa famille ; les acclamations de l'amour et de la reconnaissance retentissent autour de lui, de son frère, de leurs enfans..... Faut-il s'en étonner? ils ont réalisé, pour la France, tout le bien qu'avait rêvé le cœur bienfaisant de Louis XVI.

Quel Français, digne de ce nom, oserait aujourd'hui le méconnaître? Quel aveugle volontaire oserait fermer les yeux au spectacle de prospérité que présente, sous le règne de Louis-le-Désiré, cette France si profondément déchirée par le fer sanglant de la révolution, si cruellement opprimée par le bras pesant du despotisme? Quelle époque de nos annales nous offrira le tableau d'une plus grande majesté dans le trône, d'une liberté plus réelle dans l'État?

Que veulent donc ces écrivains hasardeux et imprudens qui, au nom du royalisme, se faisant les échos des passions révolutionnaires, travaillent sans relâche à semer les inquiétudes, à provoquer les mécontentemens ; qui, affectant de méconnaître le bien déjà opéré, présentent le bien qui reste encore à faire, et qui se fera, comme impossible à obtenir ?... Ces hommes, qui nous donnent l'expression de leurs vœux et de leurs mécontentemens personnels, pour l'expression des besoins et des intérêts réels de la société, égarés qu'ils sont par les rêves d'une ambition d'autant plus avide qu'elle a été plus souvent déçue, ont-ils bien calculé le danger d'un système qui ne tend à rien moins qu'à remettre, sans cesse, tout en question, qu'à ajourner indéfiniment les biens que la stabilité des institutions peut seule procurer à la société ?... Ne sont-ils pas effrayés par le souvenir de l'influence que ce pernicieux système de méfiance et de dénigrement exerça sur la catastrophe qui, il y a trente-deux ans, suspendit l'existence de la monarchie ?.....

C'est une étrange destinée que la nôtre! depuis la naissance de la révolution, il n'est peut-être pas une seule erreur, en politique et en morale, dont nous n'ayons, à nos dépens, reconnu la fausseté. Nous unissons, aux leçons de l'histoire, l'expérience acquise dans le cours d'un quart de siècle, annales de nos fautes et de nos malheurs. Par quelle déplorable fatalité, le passé et le présent semblent-ils, à l'égard de certains hommes, également perdus pour l'avenir?

Nous avons traversé vingt-cinq ans de révolution, de 1789, époque réelle du renversement de l'antique monarchie française, jusqu'en 1814, époque de la résurrection de cette monarchie sous l'empire de la Charte constitutionnelle, octroyée par Louis XVIII, et sur laquelle est fondé le droit public qui nous régit aujourd'hui.

Entre ces deux points extrêmes de la civilisation moderne, nous avons parcouru les degrés intermédiaires de l'anarchie conventionnelle, ou gouvernement révolutionnaire, de l'oligarchie directoriale, et du despotisme militaire, ou gouvernement impérial.

De ces situations transitoires, sont nés une foule de nouveaux intérêts, dont l'action compliquée influe d'une manière très puissante sur notre situation actuelle.

La Charte a reconnu et consacré tous ceux de ces intérêts, dont la conquête avait été le but réel de la révolution; leur triomphe est l'indemnité de tous les maux que nous a fait cette révolution; les méconnaître et vouloir y attenter, ce serait profaner cette même Charte, arche d'alliance, gage de réconciliation entre le passé et le présent; ce serait vouloir retomber dans les chances de cette révolution à jamais classique par ses misères et ses excès, par ses opprobres et ses prodiges ; de cette révolution qui ne fut point l'ouvrage de tel homme ni de telle circonstance, de tel principe, ni de telle volonté, mais qui fut le produit inévitable, autant que monstrueux, de la force des choses comme de la marche du temps, et dont, par bonheur, il n'est pas plus possible aujourd'hui de reproduire les élémens, que de détruire les résultats (1).

Je le répète donc encore : que veulent ces hommes qui, si on les laissait faire, recommenceraient la révolution pour en finir avec elle? Sous l'empire de la Charte, où veulent aller ces novateurs factieux, ces adeptes de la licence, affranchis du despotisme, qui crient *à l'arbitraire* après les actes les plus légaux de l'autorité, et dont les essais turbulens menacent sans cesse l'avenir de la société? où en veulent revenir ces routiniers chagrins, dont les regrets rappellent un passé perdu sans retour, et dont l'inexpérience décrépite tente de donner au présent une marche rétrograde?

Ces deux partis, qui ne semblent forts que parce qu'ils sont exagérés, et dont chacun ne tire sa force apparente que de la faiblesse réelle du parti opposé, ces publicistes d'une école usée peuvent bien rendre plus laborieuse l'action du gouvernement, mais ils ne sauraient ni l'arrêter, ni même la suspendre : encore moins pourraient-ils réussir à altérer les principes de vie de notre ordre social. Que ces hommes qui, des deux côtés, exigent tout ce qu'ils demandent, et auxquels il semble qu'on dérobe tout ce qu'on ne leur accorde pas, consument donc leurs forces à lutter inutilement et contre l'opinion qui les repousse, et contre leur conscience qui les désavoue; qu'ils continuent à s'agiter dans le cercle de leurs passions, qui se trahissent sans cesse, de leurs espérances déçues sans retour; tous leurs efforts n'iront désormais qu'à constater leur incorrigible aveuglement et leur incurable impuissance.

La sagesse de Louis XVIII nous a donné cette Charte, notre évangile politique; la loyauté de son fils et de son frère en a juré le maintien; et le législateur couronné a le droit de dire, comme le divin législateur : *Tout ce qui n'est pas pour moi est contre moi.*

NOTE.

(1) Un homme, d'une constitution robuste, mais fatiguée par les excès, est atteint d'une maladie violente ; chez lui le délire s'unit bientôt à la fièvre ; dans son transport, il se livre aux actes de la plus grande frénésie : il méconnaît, il outrage ses meilleurs amis ; il frappe, brise, détruit tout ce qui se trouve à sa portée, et enfin, dans un de ses accès, il va jusqu'à mettre le feu à sa propre maison. Au moment où on le juge perdu sans ressource, il éprouve une crise qui le sauve : la faiblesse, l'abattement remplacent d'abord, chez lui, l'énergie factice qu'il ne devait qu'à la fièvre, mais la bonté de son tempérament, secondée par les soins d'un habile médecin, lui fait bientôt recouvrer une santé plus florissante que celle dont il avait jamais joui ; seulement, le retour graduel de ses forces nécessite un régime plus actif et plus sévère que celui qu'il suivait autrefois. Hé bien ! parce que la maladie de cet homme a été accompagnée des plus graves accidens, faudra-t-il, en haine de cet état passager, travailler à détruire la santé qui l'a remplacé, et à reproduire, dans tous ses détails, l'état qui avait amené la maladie ?

A l'application ! je ne ferai pas à l'intelligence de mes lecteurs l'injure de les mettre sur la voie.

Mais, je ne l'ignore pas, le grand cheval de bataille des novateurs, des réformateurs de toutes les nuances, de toutes les époques, est de prétendre que les changemens qu'ils désirent, et qu'ils provoquent, s'opéreraient d'eux-mêmes, sans secousses, sans résistances, sans laisser après eux des traces fâcheuses, sans faire éclore aucuns germes de haines et de discussions. Qu'on les laisse seulement arriver au pouvoir, et à les entendre, l'ascendant de leur talent, la force de leur caractère, la puissance magique de leur parole et de leur aspect enchaîneront toutes les résistances, vaincront toutes les oppositions, désarmeront tous les intérêts... A l'appui de ces heureuses utopies, consultez les journées du 14 juillet 1789, du 10 août 1792, du 31 mai 1793, du 9 thermidor 1794, du 13 vendémiaire 1795, du 18 fructidor 1797, du 18 brumaire 1799, et toutes les époques qui ont signalé les divers bouleversemens de l'ordre politique, depuis l'aurore de la révolution jusqu'au rétablissement de l'ordre légitime ; et, par un effet aussi inévitable que désastreux de ces convulsions du corps social, voyez les opprimés changés en oppresseurs, les victimes en bourreaux, et toujours le parti vainqueur cherchant à consolider sa victoire par l'anéantissement, par la destruction complette du parti vaincu ; puis, des exemples du passé, concluez à quels dangers serait exposé le corps social, si on l'abandonnait encore aux expériences meurtrières des Sangrado de la politique.

LE VINGT-CINQ AOUT.

FÊTE DU ROI.

Manibus date lilia plenis.
VIRGILE.

La fête, dont le 25 août amène le retour, n'est pas seulement celle du Roi,
celle de Paris; c'est la fête de la France
entière; ce sera dans tous les âges celle
de la monarchie. Consacré par la religion, ce jour n'est pas moins cher à la
reconnaissance. Il n'est point de vertus,

il n'est point de bienfaits, il n'est point de genres de gloire que le nom de Louis ne rappelle. Ce nom est devenu l'emblême, le symbole de tout ce que, parmi les hommes, il peut y avoir de plus noble, de meilleur, de plus grand. Aussi le ciel l'a associé à ceux de ses saints, et s'il ne l'offre encore qu'une fois par an à nos hommages, si la couronne que le Roi martyr partage aux cieux avec le saint Roi ne ceint pas encore son front aux regards de la terre, une prochaine génération, sans doute, sera appelée à célébrer deux fois un nom qui tire son lustre du trône, des fers et de l'échafaud.

L'église a mis Louis ix au dessus de la louange des hommes. Ce n'est plus que dans la chaire de vérité, et dans les temples du Seigneur, que son éloge doit retentir. Le premier corps littéraire de France s'est honoré, en s'imposant le noble devoir d'entendre chaque année le pané-gyrique de saint Louis ; mais c'est à une bouche sacrée qu'il a confié le soin de le prononcer, au milieu des solennités de la religion. Qu'il nous soit seulement permis de remarquer ici que la gloire du héros chrétien a forcé les hommages même de l'impiété ; et que le détracteur de tant d'illustres renommées, objets des pieux hommages de la terre, que l'apôtre de l'incrédulité, que Voltaire, en un mot, vaincu par la sublimité du caractère et des actions de saint Louis, a été contraint d'avouer qu'il n'*était pas donné à la vertu humaine d'aller plus loin.* N'en eût-il pas dit autant, s'il eût été témoin et de la vie et de la mort de celui que nos neveux nommeront *saint Louis II?*

Je ne crains pas de l'affirmer ici : l'histoire, en présentant à nos regards les fastes de toutes les dynasties royales qui ont passé sur la terre, n'offre nulle part rien de comparable à cette longue suite de rois qui ont illustré tour à tour le nom de Louis, par tous les genres de vertus et de gloire, et qui l'ont décoré des titres de *Saint*, de *Père du peuple*, de *Juste*, de *Grand*, de *Bien-Aimé*, de *Bienfaisant*, de *Martyr*, de *Désiré*, de *Législateur*. Avant même que Louis IX eût attaché un éclat impérissable à ce nom tout français, Louis VI, dit *le Gros*, avait inscrit le sien parmi ceux des rois bienfaiteurs de leurs peuples, en affranchissant les communes, premier pas vers un véritable ordre social, et principe de la prospérité de l'État. Louis *le Jeune*, dans un règne de quarante-trois ans, développa par de sages institutions le germe heureux que son père avait confié au sol fécond de la France. L'administration de Suger fit de ce long règne un de ceux qui ont le plus illustré les annales de la monarchie. Il n'est plus besoin de rien ajouter aux noms de Louis XII et de Louis XIV. La postérité, plus équitable envers Louis XV que ses contemporains, n'oubliera pas, pour quelques faiblesses, une foule de nobles traits qui ornaient son caractère et ont brillé dans sa vie. Les noms de Louis XVI et de Louis XVII offriront à jamais à nos hommages un ange auprès d'un bienheureux ; et celui de leur successeur, de ce Roi, véritable restaurateur du trône de ses pères, de ce Roi à qui la révolution n'avait légué que des ruines, et qui léguera à ses successeurs une France rajeunie, brillante de force et de splendeur ; le nom de Louis XVIII, répété aujourd'hui par

les acclamations de tout son peuple, at-
testera que notre reconnaissance égale
ses bienfaits, et que notre amour ne peut
être surpassé que par ses vertus.

LE DIX-SEPT SEPTEMBRE.

MORT DE LOUIS XVIII.

Dominus tecum , virorum fortissime.

REGES.

LA France est en deuil!... Louis XVIII a cessé de vivre. Sa fin, comme sa vie, a été celle d'un roi très chrétien. Long-temps éprouvé par tous les genres d'infortunes et de souffrances, de nombreuses infirmités avaient enfin altéré une constitution robuste, et qui semblait lui assurer une longue suite de jours.

Un courage qui paraîtrait au dessus des forces humaines, s'il n'était pas l'apanage de tous les Bourbons, n'avait jamais permis au Roi de donner au repos un seul des instans que réclamaient de lui les affaires ; jusqu'au dernier moment cette activité ne s'est point ralentie, et il a réalisé, à la rigueur, cette admirable sentence sortie de sa bouche, à l'époque de la Saint-Louis ; *qu'un Roi de France pouvait bien mourir, mais ne devait jamais être malade.*

Son siècle et la postérité placeront Louis XVIII au nombre des plus grands rois qui se soient assis sur le trône de Charlemagne et de saint Louis. Associé au nom de ces deux monarques législateurs, le sien, chéri de ses contemporains, recevra à jamais les bénédictions de nos descendans. Doué de l'esprit d'un sage et du cœur d'un père, Louis XVIII a connu son siècle, et il a donné à la France des institutions, au développement desquelles est attachée la prospérité de notre avenir. C'est dans les ennuis de l'exil, c'est au sein des hasards d'une vie errante et souvent menacée, que le digne frère de Louis XVI préparait, dans le secret de ses méditations, l'œuvre de la régénération de nos mœurs civiles et religieuses, de la restauration de l'antique et noble édifice d'une monarchie de quatorze siècles. A Vérone, à Blankenbourg, à Mitttaw, fugitif et persécuté, sa pensée se tournait sans cesse vers cette France, où tant de cœurs le rappelaient, et que le sien n'avait pas quittée. Du séjour hospitalier d'Hartwell, plus rapproché de cette terre chérie, il n'eut qu'un pas à faire pour y rentrer. Le 24 avril 1814 a consacré pour jamais le retour de Louis-le-Désiré. Fallait-il que le 16 septembre 1824 vînt sitôt enlever à la France celui qu'elle avait si long-temps attendu !

Mais cette France, replacée pour toujours sous l'empire tutélaire de la légitimité, ne saurait plus désormais être veuve de ses princes; jamais le trône n'y demeure vacant, et répétant aujourd'hui le cri de nos ancêtres, nous disons comme eux : *le Roi est mort, vive le Roi!*

Et certes, s'il est possible que les regrets du passé soient adoucis par les espérances de l'avenir, si un rayon de joie peut pénétrer à travers les voiles du deuil et de la tristesse, c'est quand Charles X succède à Louis XVIII. Frère de deux Rois illustrés par le malheur et la vertu, par combien de dons qui lui sont personnels, par combien de qualités aimables ou héroïques, le monarque, dont ce jour commence le règne, n'a-t-il pas conquis d'avance l'amour et l'admiration de ses sujets? A tout ce que le caractère français offre de plus spirituel et de plus brillant, quel autre prince unit une bienfaisance aussi étendue, une bonté aussi affectueuse, aussi paternelle? Où trouvera-t-on jamais l'exemple d'une si haute vertu religieuse, tempérée par tant de grâce et d'aménité? Quel cours de prospérité ne présage point à la France le règne d'un monarque qui en apporte à la fois pour gages et les nobles qualités de son caractère, et le bonheur des circonstances qui entourent son avénement?

Bien plus heureux que ses trois derniers prédécesseurs, CHARLES voit le trône où il va s'asseoir décoré des attributs de la paix et des trophées de la victoire. Cette paix est le fruit de la sagesse de son frère ; ces trophées sont le prix de la valeur héroïque de son fils. Si le dernier forfait de la révolution, en faisant une victime de plus dans la famille royale, a associé le duc de Berry à la gloire de Louis XVI et du duc d'Enghien, l'enfant du miracle ne croît-il pas au pied du trône, comme un nouveau rejeton destiné à perpétuer l'existence de la tige immortelle de nos lis ? Sa mère, sa sœur, ne font-elles pas le charme de ce trône ; et, ainsi que le héros de l'Espagne, l'héroïne de Bordeaux ne donne-t-elle pas le nom de père au père de tous les Français ?

C'est sous cet auguste patronage, où le présent nous offre la garantie de tous les bienfaits de l'avenir, que la France va s'avancer de plus en plus dans la carrière de succès et de gloire que la restauration a ouverte à ses nouvelles destinées. Partout règnent l'amour et la confiance. L'obéissance aux lois, si long-tems l'effet de la contrainte, est aujourd'hui le résultat de la conviction. Si les intérêts de parti trouvent encore quelques organes, la voix des factions est pour jamais étouffée, comme leurs espérances sont anéanties. Sous l'influence protectrice d'une administration franchement royaliste, tous les devoirs sont dévenus faciles à remplir ; et si quelques améliorations se font encore désirer, si des institutions peuvent être perfectionnées, la certitude d'en obtenir le bienfait de la sagesse du monarque et du zèle éclairé de ses conseils, en assure la jouissance à notre avenir, et semble imprimer déjà à l'attente le caractère de la reconnaissance.

LE VINGT-NEUF SEPTEMBRE,

ANNIVERSAIRE DE 1820.

Spes altera Trojæ.
Virgile.

A peine cinq jours s'étaient écoulés depuis que nos larmes ont accompagné le funèbre cortége qui conduisait Louis XVIII à la dernière demeure de nos Rois : hier, nos acclamations d'amour et d'alégresse ont consacré l'entrée de Charles X dans sa capitale ; demain, nous saluerons l'aurore du jour qui, renouant la chaîne des temps brisée par un cœur sacrilége, vit naître le fils de la tombe, l'Enfant du miracle, le continuateur du duc de Berry, l'héritier du nom de Henri IV ! Ainsi, en moins d'une semaine, nous aurons parcouru une période où se sont trouvés réunis le deuil de la mort d'un bon Roi, la joie qui signale l'avénement au trône d'un monarque digne de son prédécesseur, et les pures jouissances que nous ramène l'anniversaire de l'Enfant si cher à la France!... Les pompes de la mort, celles d'un règne qui commence, les fêtes de la naissance; les regrets du passé, les jouissances du présent, l'espoir de l'avenir : voilà les sentimens que nous venons d'éprouver, les solennités dont nous venons d'être témoins !.... Demain l'heureux Charles X, en embrassant son petit-fils, sourira à l'idée que, quand il aura cessé de faire le bonheur des Français, ce bonheur sera confié aux soins

d'un prince qui aura eu pour modèles
les exemples de son aïeul, la vie de
son oncle, et le souvenir de son père.
Digne successeur de Henri IV, dont son
enfance nous révèle déjà tout l'avenir,
mais bien plus heureux que lui, Henri V
n'aura pas besoin de conquérir son
royaume... Notre amour le lui garde,
et celui de nos neveux saura le lui con-
server. L'héritage des Bourbons ne saurait périr en France; il fut conquis par
la valeur unie à la bienfaisance : le dépôt
en est confié à l'honneur et à la fidélité.

LE SEIZE OCTOBRE,

ANNIVERSAIRE DE 1793.

Mulierem fortem quis inveniet ? Procul et de ultimis finibus pretium ejus. Prov.

Les caveaux de Saint-Denis attendent encore la dépouille mortelle de Louis XVIII, et déjà le funèbre anniversaire de Marie-Antoinette vient associer une autre douleur à celle qui réclame le dernier tribut de nos larmes. Cependant, quel contraste dans les sentimens qui appellent la

France tout entière autour du cercueil de ces deux royales victimes de la mort!... Un crime, dont toutes nos expiations ne sauraient jamais effacer l'empreinte, a précipité l'une au tombeau long-temps avant le terme indiqué par la nature; le trépas de l'autre, en excitant nos trop justes regrets, nous laisse du moins exempts de remords; les vœux de son peuple, les soins de sa famille et de ses serviteurs éplorés, ont consolé, ont embelli les derniers momens de Louis XVIII. Les pompes de la royauté, unies à celles de la religion, ont entouré son lit mortuaire; il n'a passé le seuil de son palais que pour franchir celui d'un temple, où trois races de Rois, ses prédécesseurs et ses aïeux, ont servi de cortége à son ombre auguste. Je n'opposerai point à ce tableau imposant les sinistres images au milieu desquelles apparaît à la mémoire le dernier jour de

Marie-Antoinette : trente et un ans n'ont pu en affaiblir l'horreur. Mais le respect que commandent d'ineffables douleurs doit peut-être imposer silence au zèle peu discret qui s'exposerait à en renouveler perpétuellement l'atteinte... Détournons nos regards du spectacle des forfaits de la terre, pour admirer le triomphe de la religion.

La fille des Césars ne fit, au 16 octobre, qu'échanger une couronne périssable contre une couronne immortelle; elle alla occuper, auprès de Louis XVI, la place que lui gardait le trône céleste de saint Louis; tous deux aujourd'hui veillent ensemble sur cette France qu'ils ont tant aimée, et qui les paye enfin de cet amour par celui qu'elle voue à leur digne successeur, à leur noble fille, à tous ces Bourbons, pères, fils et frères de tant de saints et de martyrs... Les pleurs, qui ont accompagné Louis XVIII dans la tombe, les acclamations qui ont salué l'aurore du règne de Charles X, la fidélité du peuple, le dévouement de l'armée, la soumission née de la confiance, la confiance inspirée par le respect et garantie par la loyauté : tels sont les gages du bonheur qui attend la France sous le sceptre paternel de son Roi ; tels sont les liens indissolubles qui unissent à jamais l'un à l'autre ; tels sont enfin les anneaux de la chaîne sacrée qui, remontant de la terre jusqu'aux cieux, rattache le pardon au repentir, et fait descendre la bénédiction d'en haut, sur les vertus dont s'honore le trône, et que révère la patrie.

1825.

LE VINGT ET UN JANVIER,

ANNIVERSAIRE DE 1793.

Mentita iniquitas est sibi.
Ezéchiel.

Trente-deux ans se sont écoulés depuis le jour où l'échafaud révolutionnaire, transformé en autel, servit de dégré au fils de saint Louis pour *monter au ciel!...* Ce même jour la révolution qui, en condamnant un roi à la mort, *avait brûlé ses vaisseaux*[1], se crut arrivée au port. A compter de ce jour, la république, déjà proclamée *une et indivisible*, fut encore déclarée *impérissable*... Et c'est pourtant de ce jour que date la sentence prononcée à jamais contre les sacriléges qui croiraient pouvoir, au gré de leurs passions, changer, sur la terre, l'ordre établi par le ciel, et qui, en tuant un roi, penseraient avoir tué la royauté.

Leçon mémorable! L'usurpation fut la première à réfuter les doctrines du régicide. Heureux légataire des succès d'une révolution, aux plus grandes horreurs de laquelle son nom ne s'était point associé, un soldat, adopté par la fortune, vint apprendre aux auteurs de cette ré-

---

[1] Expression que, six mois après l'assassinat de Louis XVI, celui qui écrit ces lignes entendit sortir de la bouche de l'un des bourreaux du Roi-Martyr.

volution impie, qu'ils n'avaient vaincu que pour lui ; feignant de croire vacant un trône qu'ils avaient voulu détruire, mais qu'ils n'avaient fait que renverser ; il osa s'en emparer, en s'y faisant porter par leurs mains encore teintes du sang de son légitime possesseur. Mais il ne se doutait pas qu'instrument aveugle des décrets de la Providence, il ne faisait que préparer la place à ceux qui seuls avaient reçu du ciel le droit de l'occuper ; il ne se doutait pas que son règne éphémère n'était qu'une transition entre la chute du trône de Louis XVI et le rétablissement sur des bases inébranlables du trône de Louis XVIII. L'infidélité de la victoire vint lui révéler, en 1814, le néant de l'usurpation ; et la trahison de 1815, par son succès d'un jour et son irréparable défaite, acheva de démontrer au monde qu'il n'y a de force que dans la légitimité, et de salut que sous son empire tutélaire.

En effet, ce fut la révolte du 20 mars, ce régicide de l'usurpation, qui acheva de consolider d'une manière indestructible le trône des enfans de Henri IV et de saint Louis. Exemples remarquables!.. Toutes les atteintes portées à ce trône auguste n'ont fait que l'affermir.... Quand la hache vint frapper le front de l'oint du Seigneur, quand le poison acheva en un jour sur l'Enfant-Roi l'ouvrage de deux ans de tortures, les bourreaux de Louis XVI et de Louis XVII se flattaient peut-être d'avoir enfermé la royauté dans leur tombe ; mais ils ne savaient pas qu'en haut il était écrit que Louis XVIII succéderait à Louis XVII, et que l'héritage de Louis XVIII serait, aux acclamations de la France entière, recueilli par Charles X.... Quand, dans un temps trop voisin de nous encore, un nouveau Ravaillac, en plongeant le fer dans le sein du petit-fils de Henri IV, crut avoir coupé la branche la plus féconde de la tige royale, il ne se doutait pas que Henri V était là pour remplacer celui qui, peut-être un jour, eût été Charles XI. Tel est donc le succès des attentats de la révolution; elle fait des saints, elle fait des martyrs! mais elle ne s'aperçoit pas que, comme aux jours de la persécution des premiers chrétiens, le sang de ces saints et de ces martyrs est une semence féconde qui germe avec rapidité, et fructifie avec abondance.

Se doutait-elle, la révolution, en éteignant dans Louis XVII la descendance du roi qu'elle avait massacré le 21 janvier, qu'elle ne faisait que substituer ses frères à son fils, et qu'après Louis XVI, Louis XVIII et Charles X hériteraient de sa couronne, comme pour montrer à la terre tout ce que le ciel a pu rassembler de vertus dans le cœur de trois frères, de trois Bourbons ? En est-il une seule, en effet, dont il soit donné à l'humanité d'offrir les exemples, que l'on ne rencontre dans cette auguste association ? Le code n'en est-il pas tout entier dans ce testament, monument immortel de clémence et de charité, que le Roi-Martyr a laissé, il y a trente-deux ans, au pied de son échafaud, comme un legs admirable de son amour pour son peuple, comme une source à jamais féconde d'instructions pour ses successeurs ? Louis XVIII, en réalisant, par l'œuvre de sa haute sagesse, les institutions dont la bonté éclairée de Louis XVI avait pressenti la nécessité, a acquitté sa part de la tâche immense que lui avait léguée le testament de son frère : aujourd'hui, Charles X est l'exécuteur testamentaire du *Roi-Martyr* et du Roi *législateur*, et le *Roi Bien-Aimé*, salué de son avénement par les cris de l'amour et de l'enthousiasme, nous prouvera de plus en plus que l'héritage de saint Louis, de Henri IV, de Louis XVI et de Louis XVIII, trouvera en Charles X un possesseur qui ajoutera encore, s'il est possible, à sa gloire et à sa durée.

LE DOUZE AVRIL,

ANNIVERSAIRE DE 1814.

Salve festa dies, toto venerabilis ævo !

RIEN N'EST CHANGÉ EN FRANCE ; IL N'Y A QU'UN FRANÇAIS DE PLUS. C'est ainsi qu'il y a onze ans, MONSIEUR s'exprimait, à pareil jour, en rentrant, au milieu des cris de joie et d'amour d'un peuple *affamé de voir ses princes,* dans cette ville de Paris, depuis si long-temps alors déshéritée de leur présence auguste. Elle était pourtant bien changée cette France que le cœur d'un Bourbon se plaisait à reconnaître ! L'anarchie avec ses fureurs, le despotisme avec ses excès, l'invasion étrangère avec ses calamités, en avaient fait tour à tour le théâtre de la licence au nom de la liberté, de l'oppression au nom de la gloire, de la dévastation au nom de la vindicte européenne!..... Ceux qui la revoyaient, au bout de vingt-cinq ans d'un exil auquel seul ils avaient dû leur salut, auraient pu lui demander ce qu'elle avait fait de ceux qui n'avaient pu les suivre...., et la tombe seule aurait pu répondre. Tant que la révolution avait conservé son odieux empire, c'est comme une ère de vengeance et de cruautés qu'elle présentait l'époque du retour des Bourbons, détrônés par son forfait; c'est le fer et la flamme à la main qu'elle les montrait à l'œil fasciné de ceux qui ne les avaient pas connus.

Jugeant ses crimes irrémissibles, la révolution n'avait rien oublié pour en imposer l'odieuse solidarité à ceux même qui en avaient été les victimes.

Vains efforts!..... le pardon a devancé les pas de ces princes si long-temps proscrits par la révolte. Avant d'être sorti de leur bouche, on l'a déjà lu sur leur visage : les premières paroles de Monsieur en avaient offert le gage, et bientôt le pacte solennel par lequel Louis-le-Désiré *renoua la chaîne des temps que de funestes écarts avaient interrompus* [1], vint imprimer la consécration de la parole royale à l'oubli du crime et de l'erreur, et à la conservation de tous les intérêts existans.

C'était sans doute dans la pensée de

---

[1] Préambule de la Charte constitutionnelle.

tant de bienfaits après tant de malheurs, que le Roi, qui continue si dignement le règne de son prédécesseur, s'écriait en 1814 qu'à ses yeux rien n'était changé en France. En effet, cette France, si méconnaissable pendant l'exil de ses rois légitimes, était redevenue elle-même à leur aspect. En vain les désastres d'une seconde usurpation et d'une seconde conquête, en vain les derniers efforts du génie de la révolution aux abois, en vain la ligue de tous les intérêts ennemis-nés de l'ordre et de la paix des états, ont essayé de lutter contre l'ascendant victorieux des vertus et de la sagesse assises sur le trône.... La fortune de la France, désormais indissolublement unie à celle des Bourbons, a triomphé de tous les obstacles, et elle marche dans une carrière de prospérités qui doit chaque jour s'agrandir devant ses pas.

Le 12 avril 1814 fut l'aurore de cette période de jours fortunés, dont nous avons joui sous le règne de Louis XVIII ; le 12 avril 1825 voit Charles X assis au trône de son frère. Il n'y a rien de changé pour lui dans nos cœurs, mais seulement dans nos voix : en 1814, nous disions *vive* Monsieur ! en 1825, toute la France crie *vive* le Roi !

LE VINGT-NEUF MAI.

SACRE DU ROI.

Gentil Roi, or est exécuté le plaisir de Dieu, qui voulait que vous vinssiez à Rheims recevoir votre digne sacre, pour montrer que vous êtes vrai Roi, et celui auquel doit appartenir ce royaume.

Telles sont les paroles que l'héroïne d'Orléans, que la vierge que Domremy

adressait à Charles VII, lorsque, se jetant
à ses genoux après avoir vu l'huile sainte
couler sur son front, elle lui baisait les
pieds en pleurant : telles sont encore les
paroles avec lesquelles la France entière
doit saluer aujourd'hui la consécration
royale de cet autre Charles, qui présente
des rapports si multipliés et si touchans
avec le petit-fils de *Charles-le-Sage !* Tous
deux virent leur noble héritage devenir
la proie de l'usurpation ; tous deux virent
un étranger s'asseoir insolemment au
trône de leurs ancêtres; mais, comme au
17 juillet 1429, le gentil Dauphin, à qui
Henri VI disputait en vain ses droits à la
couronne de France, vint les consacrer
à Reims, aux fontaines baptismales de
Clovis ; de même, après quatre cents ans,
Charles X y arrive, comme l'héritier du
premier Roi chrétien. Si Charles VII y
parut ramené par Jeanne d'Arc, entouré

de Dunois, de Lahire, de Tanneguy du Châtel, de Xaintrailles, et de tant d'autres preux, ses vengeurs et ses frères d'armes, le cortége dont Charles X s'y montre entouré ne présente pas des noms moins illustres, ne rappelle pas des souvenirs moins glorieux. Adoptées par la restauration, les renommées qui, pour être fondées sur des titres récens, n'en brillent que d'un plus vif éclat, se groupent et se mêlent, autour du trône, à ces vieilles illustrations dont l'origine reporte notre pensée aux premiers âges de la monarchie, et dont la durée imprime, à cette belle monarchie des Francs, un air de jeunesse toujours nouveau.

Mais à quelle époque de nos annales l'auguste cérémonie qui réunit aux autels de Reims les cœurs de tous les Français, reçut-elle jamais, des circonstances, un caractère plus sublime et plus attendrissant ! Quel prince y apporta jamais, avec uu cœur aussi pieux, des titres rendus aussi sacrés par l'infortune, des destins signalés par autant de revers, protégés par autant de miracles !... Il y a cinquante ans, qui, le dernier, reçut l'onction sainte, aux autels de Reims? le deuil de la France l'a nommé..... Et quel est celui qui vient la recevoir aujourd'hui ?..... C'est le frère de Louis XVI, le père du duc de Berri et du héros de Cadix, le second père de l'Orpheline du Temple et de la moderne Valentine, l'aïeul du duc de Bordeaux; c'est le Roi chevalier, religieux comme Saint Louis, clément comme Louis XII, aimable comme François Ier, loyal comme Henri IV, humain comme Louis XVI.... C'est l'héritier du trône de Louis XVIII, le continuateur de son règne, le gardien des institutions que la France doit à la sagesse de ce grand Roi, et dont Charles X va sceller l'octroi, par un serment juré au pied des autels.....

Ainsi, toutes les épreuves, toutes les gloires, tous les malheurs, toutes les prospérités, tous les regrets et toutes les espérances, réunies sur une seule tête, font aujourd'hui de Charles X le plus digne objet qui ait jamais été offert aux faveurs du ciel, aux respects et à l'amour de la terre !

Déjà plusieurs plumes savantes, déjà un grand nombre de voix éloquentes, ont devancé le grand événement qui consacre cette journée, soit pour en expliquer le caractère politique et religieux, soit pour en célébrer les pompes et l'alégresse. La modeste mission que nous sommes appelés à remplir, n'admet ni les développemens étendus, qui, chez l'écrivain, supposent la science, ni les mouvemens élevés et sublimes, qui sont l'apanage du génie. Persuadés que, chez les Français, le sentiment est toujours la source des impressions les plus vraies et les plus durables, c'est au cœur que nous cherchons à parler; c'est à l'amour pour nos Rois, à ce trait distinctif et toujours subsistant du caractère national, que nous ne cesserons de nous adresser. Nous n'hésiterons donc pas à signaler, comme une interprétation erronée et dangereuse de quelques uns des écrits qui ont paru sur le sacre, l'opinion que cette auguste cérémonie constitue le droit de nos Rois à la couronne. Les descendans de Clovis et de saint Louis sont *Rois de France* par la grace de Dieu, et le droit de leur naissance. La cérémonie du sacre témoigne de ce droit; elle le sanctifie, mais elle ne le confère pas; elle n'est pas le principe, mais une conséquence de la légitimité; en un mot, Charles X ne sera pas Roi, désor-

mais, parce qu'il aura été sacré aujour-
d'hui ; il sera sacré aujourd'hui, parce
que, déjà, il était Roi.

Le sacre est donc une cérémonie sym-
bolique, signe sensible de l'alliance de la
religion avec la royauté. L'onction sainte
témoigne au monde que celui qui la reçoit
est l'élu du Seigneur, son image sur la
terre, et que le sacrilége qui oserait
porter atteinte à son inviolabilité, se
rendrait coupable du crime de lèse-ma-
jesté humaine et divine.

Depuis Clovis, le droit de nos Rois à
la couronne est fondé sur le principe inal-
térable de l'hérédité... ; et Jeanne d'Arc
ne l'entendait pas autrement, lorsqu'auprès du maître-autel de Reims, où Charles VII venait d'être sacré, elle lui disait,
en inclinant sur son front l'étendard sous
lequel elle avait vaincu pour lui :

Gentil Roi, or est exécuté le plaisir de

Dieu, qui voulait que vous vinssiez à Rheims recevoir votre digne sacre, pour montrer que vous êtes vrai Roi, et celui auquel doit appartenir ce royaume.

FIN.

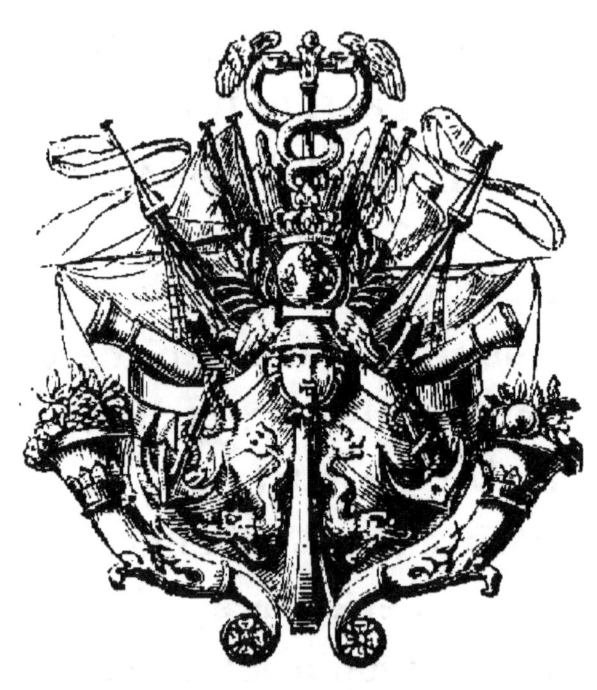

TABLE.

MÉLANGES EN VERS.

MÉLANGES EN PROSE.

FIN DE LA TABLE.

www.ingramcontent.com/pod-product-compliance
Lightning Source LLC
LaVergne TN
LVHW021856170726
843503LV00003B/1257